Construyendo el carácter

Actos bondadosos

por Rebecca Pettiford

Bullfrog Books

Ideas para padres y maestros

Bullfrog Books permite a los niños practicar la lectura de texto informacional desde el nivel principiante. Repeticiones, palabras conocidas y descripciones en las imágenes ayudan a los lectores principiantes.

Antes de leer
- Hablen acerca de las fotografías. ¿Qué representan para ellos?
- Consulten juntos el glosario de fotografías. Lean las palabras y hablen de ellas.

Durante la lectura
- Hojeen el libro y observen las fotografías. Deje que el niño haga preguntas. Muestre las descripciones en las imágenes.
- Lea el libro al niño, o deje que él o ella lo lea independientemente.

Después de leer
- Anime a que el niño piense más. Pregúntele: ¿Cómo demuestras bondad? ¿Cómo te sientes cuando eres bondadoso?

Bullfrog Books are published by Jump!
5357 Penn Avenue South
Minneapolis, MN 55419
www.jumplibrary.com

Copyright © 2018 Jump! International copyright reserved in all countries. No part of this book may be reproduced in any form without written permission from the publisher.

Library of Congress Cataloging-in-Publication Data

Names: Pettiford, Rebecca, author.
Title: Actos bondadosos / por Rebecca Pettiford.
Other titles: Showing kindness. Spanish
Description: Minneapolis, MN: Jump!, Inc., 2018.
Series: Construyendo el carácter | Includes index.
Audience: Age 5–8. | Audience: K to Grade 3.
Identifiers: LCCN 2017039639 (print)
LCCN 2017043340 (ebook)
ISBN 9781624966545 (ebook)
ISBN 9781620319758 (hardcover: alk. paper)
ISBN 9781620319765 (pbk.)
Subjects: LCSH: Kindness—Juvenile literature.
Classification: LCC BJ1533.K5 (ebook)
LCC BJ1533.K5 P44818 2018 (print) | DDC 177/.7—dc23
LC record available at https://lccn.loc.gov/2017039639

Editor: Kirsten Chang
Book Designer: Michelle Sonnek
Photo Researchers: Michelle Sonnek & Kirsten Chang
Translator: RAM Translations

Photo Credits: All photos by Shutterstock except: Adobe Stock, 6–7; Alamy, 10–11; Getty, 20–21; iStock, 13, 23tr.

Printed in the United States of America at Corporate Graphics in North Mankato, Minnesota.

Tabla de contenido

Bondad verdadera

Nos gusta demostrar bondad.

Demostramos bondad al hacer buenos hechos.

Hacemos a otros felices.

Sami es nuevo en la escuela.

Nan es bondadosa con él.

Ella sonríe. Ella se sienta con él en el almuerzo.

Ahora son amigos.

Jon perdió su lápiz.

Beth bondadosamente le da uno.
Ahora él puede tomar su examen.

9

Drew es bondadoso
con su mamá.

Él le ayuda a guardar
la despensa.

Ruth es bondadosa con el planeta.

planeta

Ella recicla.

Reciclar es bueno para el planeta.

Ryan es bondadoso
con su hermana.

Él juega con ella.

Él comparte sus juguetes.

Pete es bondadoso
con su gato.

Él le acaricia
suavemente.

Max está triste.

Ann es bondadosa
con él.

Ella lo escucha.

Le ayuda a
sentirse mejor.

¡Se siente bien ser bondadoso!

Actos de bondad

Practica actos de bondad haciendo una tabla de bondad.

Necesitarás:

- hoja de papel
- lápiz
- regla
- crayones o lápices de colores

Direcciones:

① Usa tu regla para dibujar líneas rectas. Dibuja 9 cuadrados en tu "tabla" como la que está en esta página.

② Escribe un acto de bondad en cada cuadrado. Usa los actos de bondad en el ejemplo anterior, o utiliza otros como los que están en este libro. También puedes inventar los tuyos.

③ Después de realizar un acto de bondad, dibuja dentro del cuadrado. ¡Descubre cuantos actos de bondad puedes realizar en un día!

Tabla de bondad

Abre la puerta para alguien	Ayuda a alguien con una tara	Juega con tu hermano o hermana
Saluda a alguien nuevo	Dale a alguien un cumplido	Peinar a tu gato o perro
Di "por favor" y "gracias"	Almorzar con alguien nuevo	Escribir una carta a un amigo

Glosario con fotografías

examen
Preguntas
o problemas
para medir tu
conocimiento.

planeta
Un objeto redondo
y grande en el espacio
que viaja alrededor de
una estrella como el sol.
La tierra es un planeta.

hechos
Acciones
o cosas
que alguien
realiza.

reciclar
Mandar papel,
botellas y latas
a un lugar para
que hagan algo
nuevo con ellas.

Índice

Para aprender más

Aprender más es tan fácil como 1, 2, 3.

1) Visite www.factsurfer.com

2) Escriba "actosbondadosos" en la caja de búsqueda.

3) Haga clic en el botón "Surf" para obtener una lista
   de sitios web.

Con factsurfer.com, más información está a solo un clic de distancia.